Die Geschichten des Buches sind entstanden, als ich die versucht habe die Besonderheit jeder Situation wahrzunehmen. Entstanden ist etwas viel Wertvolleres, als ich erwartet habe. Um es zu sehen, muss ich nicht einmal mehr dieses Buch aufschlagen. Es i...

Seher Emiroglu
Das Leben ist schön
Erstauflage, 2020
ISBN: 978-9-403-60421-3

se.readings.e@gmail.com
se.readings

Selfpublishingwebsite
Bookmundo.de

Seher Emiroglu

Das Leben ist schön

Als die Sonne aufging,

habe ich die Nacht verstanden.

Dieses Buch enthält Momente, die zu schön sind, um sie nicht zu teilen und die vielleicht, vielleicht auch nicht, wahre Geschichten sind.
Außerdem sind Inhalte vorhanden, die möglicherweise, bei fehlendem Verständnis für Sarkasmus, falsch verstanden werden können.
Die Texte wurden nicht geschrieben, um jemanden anzugreifen, sondern viel mehr, um zum Denken anzuregen.
Manche der Texte können verwirrend sein und erst mit der Zeit eine verständliche Geschichte formen.
Die vorhandenen Rechtschreib- und Grammatikfehler sind beabsichtigt und haben eventuell einen inhaltlichen Grund.
Das Buch soll unterhalten, inspirieren, Sichtweisen verändern, Freude verbreiten, Wissen und Weisheiten weitertragen und verbinden.

Inhalt

Auf wiedersehen

Ein Abschied steht bevor.
Die Gruppe sitzt beisammen und genießt die letzten Minuten. Gespräche finden an jeder Ecke statt. Es wird gelacht. Doch die Stimmung ist angespannt, denn alle wissen, so wie heute werden sie sich nicht nochmal treffen können.
Zum Abschluss erwartet sie aber eine kleine Überraschung, von der sie noch nichts ahnen.
Die Gruppe wird gebeten die Augen zu schließen. Nach und nach verdecken sich die Anwesenden aufgeregt die Augen.

Sie hören den redenden Personen gespannt zu. Die Geschichte, die vorgetragen wird, füllt die letzten Lücken und stärkt die Gruppe. Ein Gefühl der Melancholie steigt auf. Die Erzählung verbreitet eine magische Stimmung.
Leise hört man das Atmen der Anwesenden. Wie die Atmung schneller wird. Bis zuletzt die erste Träne zu Boden fällt. Der Aufprall der Träne verursacht eine kleine Lawine. Denn nun fällt auch schon eine weitere auf die Erde. Und eine weitere. Und eine weitere. Und eine weitere...
Die Erzähler der Geschichte zaubern den anderen ein Lächeln ins Gesicht.
Die Geschichte neigt sich dem Ende zu. Die Zuhörer öffnen langsam die Augen. Können kaum den Kopf heben, doch schauten trotzdem um sich. Verweinte Gesichter leuchten förmlich unter der prallen Sonne. Da fängt die erste Person an zu

lachen. Langsam können zwei andere Personen sich das Lachen nicht verkneifen. Sie stecken den Rest der Gruppe an. Auch die Geschichtenerzähler kämpfen mit den Tränen, aber das Lächeln fehlt auch bei ihnen nicht.
Denn so traurig und bedrückend dieser Abschied auch ist, genauso schön ist es an die vergangene Zeit zu denken. An die schlaflosen Nächte und die wundervollen Tage.
Eine große Umarmung rundet alles ab und die Gruppe löst sich auf.
Ein letzter Blick zurück...

Ich kann denken und glücklich sein

Die Menschen sagen immer: „Denk nicht so viel." oder „Zu viel denken macht unglücklich.".
Aber ich möchte denken. Es macht mir Spaß. Es ist eine wundervolle Gabe, die wir nutzen sollten. Und die wir lernen sollten zu nutzen.
Und ich werde denken. Denn ich möchte denken. Aber ich werde anders denken.
Ich werde mich glücklich denken. Ich werde mich glücklich denken, denn ich werde denken an:
Dein wunderschönes Lachen, wenn wir unter dem Sonnenschein draußen wie verrückte tanzen.
Wie das Licht durch die Blätter scheint, die im Wald den Himmel verdecken.
Das pastellfarbene Eis, dass in der Hand des kleinen Kindes beginnt zu schmelzen.
Die Farbtropfen, die die Haut des Künstlers treffen, während zeitgleich ein Meisterwerk entsteht.
Die gelb-weißen Blümchen auf der Wiese, die auch den Rasenmäher überlebt haben.
Die Worte, die in deinem Buch geschrieben stehen.
Die klangvollen Töne, die aus den Lautsprecherboxen hervortreten.
Den zarten Duft von zu Hause.
Die penetrante Farbe der Kleidung.
Das harmonievolle Verhalten der anderen Lebewesen.

Den Rauch, der aufsteigt, wenn wir draußen, in der Kälte, stehen.
Den Aufprall des Regens auf den Seen.
Und ich.
Vor allem ich.
Denn ohne ich,
Gäbe es das alles nicht.
Ohne ich,
Wüsstest du nicht,
Wie der Regen schmeckt
Und die Luft riecht.
Ohne ich,
Wäre die Farbe an deinen Händen nur Schmutz
Und die bezaubernde Musik nur nerviger Lärm.
Denn ohne ich,
Gäbe es mich nicht.
So wie es mich gibt,
Im hier und jetzt.
Wenn ich nicht denken würde, dann gäbe es mich nicht. Und keiner würde das wissen. Denn dann wäre ich nichts.
Aber „Ich denke, also bin ich.“[1]
Und ich bin Ich.
Und ich denke mich Glücklich.

[1] Erster Grundsatz des Philosophen René Descartes („Cogito ergo sum“)

Die Hitze, sie brennt doch so...

Hitze.
Brennende Hitze.
Verbrennende Hitze.
Brandspuren auf der Haut.
Sonnenbrand auf deinem Körper.
Es wird wärmer und brennender und zerstörender.
Wenn die Sonne aufgeht, gehen viele unter. Doch ihr nicht. Ihr genießt die Wärme. Das unaushaltbare verbrühen an diesem Ort.
Ihr macht das Beste daraus.
Das laute Lachen aus der Ferne.
Wie das Wasser aus dem Brunnen fällt. Immer weiter fällt. Und fällt. Und eure Haut trifft. Die Haut, die sich unter der Sonne zu einer dunklen Wüste verwandelt.
Und die Schreie, weil das zu kalte Wasser euch in Schreck versetzt.
Wie ihr flink durch die Gegend rennt.

Aber wie ihr euch versteckt, weil ihr ermahnt werdet, denn es sei nicht höflich sich so zu verhalten. Ihr wartet, bis sie verschwinden und dann geht es wieder ins Wasser.

Vielleicht ist es das, was uns fehlt. Das. Das? Was? Waas? Dies? Oder Das? Welches Das? Dieses Das! Dieses Das ohne Dieses Was? Ja, Dieses Das Ohne Dieses Was, Aber Mit Diesem Dies! Dies und Das und Was und Das.

Das ist doch alles nicht wichtig. Oder? Ist das Wichtig? Nein...
Nein?

Denkt ihr, dass es wichtig ist? Nein?
Ich denke nicht, dass ihr das denkt.
Denn sonst wärt ihr nicht hier.
Vor allem nicht so.
Sooo unbeschwert wie ihr seid.
So glücklich.
Zufrieden.
Zufrieden?
Ihr seid zufrieden.
Aber sind wir es?
Nein, sind wir nicht.

Aber die Hitze, es ist doch zu heiß. Die Hitze!
Nein, ist es nicht.
Aber die Kälte, es ist zu kalt. Es liegt an der Kälte!
Nein, das tut es nicht.
Es ist zu hell!
Nein!
Es ist zu Dunkel!
Nein!

Aber es passt nicht.
Doch.
Es passt nicht!
Doch!
ES PASST NICHT!

WAS?

WAS?

Was passt nicht?

...

Was passt nicht?

alles.

alles?

Nein.

Nein?

...

Was passt nicht?

ich?

Du?

Ich.

Du.

ich passe nicht.

Du passt nicht.

Wir passen nicht.

Wir passen nicht.

Wir passen nicht!

Wir passen nicht.
Es ist nicht die Hitze oder die Kälte. Es ist nicht dies und auch nicht das.
Wir sind es, die es aus machen. Was wichtig ist, ist doch, was wir sind. Wie wir sind.

Das Leben ist doch schön. Warum machen wir es uns schwer.
Warum machen wir es uns gegenseitig schwer.
Das Leben ist schön.
Genieß es.
Nun nimm die Hitze, die unaushaltbare Hitze, und genieß es.
Mach was daraus. So wie sie.
Spring in den See. Tanz im Springbrunnen. Oder brenne.
Verbrenn im Sonnenlicht.
Denn bald ist sie weg und dann ist es wieder kalt. Zu kalt.

Zurückblickend ist doch alles ganz okay.

Manchmal ist es schwer „das Schöne“ im Leben zu erkennen. Denn meistens ist es versteckt und nicht sichtbar. Zumindest für einen kleinen Moment, denn rückblickend erleben wir viel mehr positive Ereignisse, als uns bewusst ist.

Sei es der angenehme Abend mit einem alten Schulfreund, der am Vortag, bei jedem Blick in den Terminkalender nur Stress ausgelöst hat.

Oder auch die Angst, die ausgelöst wird, wenn die Suche nach einem Tisch in einem Restaurant nicht so verläuft, wie sie sollte.

Eine versäumte Prüfung, die das Studium um ein weiteres Semester verlängert.

Der letzte große Streit mit dem Partner.

...

...

...

Vielleicht klingt das alles nicht besonders überzeugend. Doch eine Kleinigkeit macht es aus. Und diese Kleinigkeit ist ein Tool, das jedem jederzeit zur Verfügung steht.

Ein Rückblick.

Ein Rückblick ist alles, was der Mensch braucht, um aus der letzten noch so grauenvollen Situation zu einer lehrreichen Erfahrung zu gestalten.

Denn rückblickend fühlt sich der ein oder andere besonders selbstbewusst, wenn er oder sie oder * den mehr oder weniger besten Platz im Restaurant findet.

Rückblickend war das letzte Semester in der Uni geprägt von unvergesslichen Augenblicken, die eine versäumte Prüfung wieder um einiges besser machen. Und der Gedanke an ein weiteres Semester ist nun auch nicht mehr so schlimm.

Rückblickend hat der große Streit die Beziehung noch mehr gestärkt. Und wenn es nicht so war, so hat es zwei Menschen die Tür zu einem neuen Leben geöffnet.

Und genau deshalb sollten wir beginnen unser Leben zu reflektieren und die Freude nicht nur in schönen Lebenssituationen finden, sondern auch in den härteren Momenten suchen.

Ist das Ende der summenden Hummeln auch unser Ende?

Summ... Summ... Summ...
Wie das leichte Summen einer fluffigen Hummel an einem angenehmen Sonntagabend klingt das Vibrieren meines Handys. Jedes Mal, wenn das Summen ertönt, bekomme ich eine Gänsehaut. Denn ich weiß, es ist eine Nachricht von dir, die mich in jenem Moment erreicht. Und immer wieder und wieder und wieder summen meine Hummeln über meinem Kopf hinweg. Und die Sonne erhitzt meine Haut leicht, so wie deine Nachrichten mein Handy überhitzen lässt. Kinderstimmen höre ich ganz nahe und lausche ihnen nach, denn so etwas Friedliches wie sie gibt es nicht noch einmal auf dieser Welt. Deine lieben Worte ausgenommen. Manch einer würde sagen, ich wäre zu voreilig, denn lange kennen wir uns nun wirklich nicht. Ich aber kann förmlich fühlen, dass du nicht nur dieser eine Kontakt bist, der mir immer wieder eine Freude bereitet. Ich kann förmlich sehen, wie du die Welt siehst, denn du nimmst sie so wahr wie ich. Ich kann förmlich riechen wie die Blumen, die du täglich pflegst, bald meinen Geruch aufgenommen haben. Ich kann förmlich hören, wie du meine Nachrichten immer wieder aufs Neue mit dem Grinsen im Gesicht laut vor dich hin liest. Ich sehe, rieche, fühle und höre das alles, doch jedes Mal denke ich... Was, wenn ich mich täusche... Was, wenn ich in einem Traum lebe, in meinem Traum und das alles nicht wirklich das ist, was du und ich, was wir empfinden. Denn so etwas wie ein „wir“ gibt

es nicht. Noch nicht. Und immer wieder zweifle ich daran, dass es ein „wir" geben wird. Denn ich bin nun mal so, wie ich bin. Ich werde dir kaum etwas bieten können. Ich werde dich langweilen, dich überfordern, dir im Weg stehen, nicht an deiner Seite sein. Ich werde nicht die Person sein, die du brauchst. Ich bin nicht die Person, die du brauchst. Und es tut mir leid so empfinden zu müssen. Doch es bricht mir das Herz, denn in den Texten, die ich dir schrieb, schreibe ich noch immer, wie ich denke, dass du mich siehst. Und so bricht es dir vielleicht das Herz, denn vielleicht, aber nur vielleicht empfindest du so wie ich. Vielleicht vermisst du mich, ohne mich zu kennen? Vielleicht kannst du förmlich sehen, wie ich die Welt sehe, denn vielleicht nehme ich alles so wahr wie du es tust. Doch ich kann dieses Risiko nicht eingehen. Ich kann dich nicht verletzten, denn das Leid, welches ich mir zugefügt habe, reicht für mich und dich und den Rest der Menschheit. Also stelle ich mein Handy auf stumm. Und das Summen verschwindet mit den Hummeln genauso, wie das Vibrieren meines Handys mit meiner Hoffnung. Die Bienen summen aber weiter, so wie mein Handy es jetzt tun würde, wenn es nicht auf stumm wäre. Denn du rufst an, und ich will rann...

Erfolg oder Zufriedenheit?

Ab wann ist man eigentlich glücklich? Bin ich glücklich, wenn ich mit meinem Beruf zufrieden bin, eine super Wohnung mit grandiosem Ausblick und einen nicht zu großen, aber auch nicht zu kleinen Freundeskreis habe? Oder bin ich glücklich, wenn das Lachen von der einen Person an der Bahnhaltestelle, die kopfschüttelnd auf das Handy blickt, so Herzerwärmend ist, dass ich bei -2 C° keine Winterjacke brauche?
Die Definition vom „glücklich“ sein besagt:

1 . vom Glück begünstigt; erfolgreich
2 . von froher Zufriedenheit.

Zumindest wird das auf der Onlinesite vom Duden so angegeben.

Wenn wir uns also nach der ersten Definition des Dudens richten, so müssten wir „erfolgreich“ sein, um glücklich zu sein. Doch wer bestimmt, ob ich erfolgreich bin, oder nicht? Sollten wir uns den gesellschaftlichen Auffassungen von Erfolg zuwenden? Denn dann wird es meist für viele Personen eine Herausforderung den Erfolg zu erreichen. Oder soll ich „erfolgreich sein“ für mich selbst definieren?

Wenden wir uns der zweiten Definition zu. Die „frohe Zufriedenheit“. Laut Wikipedia bedeutet Zufriedenheit „[I]nnerlich ausgeglichen zu sein und nichts anderes zu verlangen, als man schon hat“ beziehungsweise „Mit den gegebenen

Verhältnissen (...) einverstanden zu sein, nichts auszusetzen zu haben."
Demnach sind allein wir für unsere Zufriedenheit und somit auch für unser glücklich sein verantwortlich.
Denn keiner kann für meine innere Ausgeglichenheit sorgen, solange ich es sie nicht erreichen möchte. Und keiner kann dafür sorgen, dass ich mehr verlange, als ich eh schon habe.
Theoretisch könnte mir die reichste Person der Erde alles an Hab und Gut schenken, dennoch könnte ich aber nach noch mehr streben, solange ich nicht nach „froher" oder „wahrer Zufriedenheit" strebe.
Abgesehen davon gibt es Unmengen an Menschen auf der Erde, die das Gegenteil von wohlhabend sind, doch um einiges zufriedener zu sein scheinen, als jene, welche sorgenfrei durch den Alltag gehen, da sie genug Stabilität im Leben haben. In Gesprächen mit solchen Personen fällt einem auf, dass sie zwar gerne weniger Sorgen hätten, aber auch nichts an ihrem Leid ändern können und sich damit abfinden. Und da haben sie recht, denn warum sollte ich mich wegen etwas schlecht fühlen, was ich eh nicht ändern kann. Und genau so wird man nicht nur zufrieden, sondern auch dankbar.

Das alles hat die Frage aber nicht beantwortet. Ab wann bin ich glücklich? Eins steht fest. Wenn ich glücklich werden möchte, so muss ich arbeiten. Ob ich an meinem Erfolg oder an meiner Zufriedenheit arbeite, ist ganz mir überlassen. Ich denke, es ist die Aufgabe eines jeden einzelnen sich für den Weg 1. Oder 2. Zu entscheiden. Oder auch für beide. Oder für einen ganz anderen. Doch eine ganz einfache Summenformel gibt es nicht.

Denn leider ist das Leben leider nicht so einfach, wie das Lösen einer mathematischen Gleichung.

Dankbarkeit hat kein Ende

Jeder sagt doch immer, Dankbarkeit macht glücklich. Und die meisten wären nicht dankbar genug oder würden ihre Dankbarkeit nicht bewusst zum Ausdruck bringen. Und genau das werde ich jetzt tun. Denn ich bin dankbar. Und ich bin dankbar für viele Dinge.

Ich bin dankbar für die stundenlange Konversation heute Abend.

Ich bin dankbar für meine anstrengende Arbeit.

Ich bin dankbar für meine Fehler. Und meine Macken.

Ich bin dankbar für den Kaffee, den ich auf der Arbeit immer um 10:30 Uhr trinke.

Ich bin dankbar für alle Autoren, deren Bücher ich bis heute gelesen habe und noch lesen werde.

Ich bin dankbar für Google Maps, dem ich mehr vertrauen kann als meinem Orientierungssinn.

Ich bin dankbar für Shavasana, einer Yoga Pose, bei der ich auch mal nichts machen kann.

Ich bin dankbar für Schokokuchen.

Ich bin dankbar für Kunst, denn Kunst macht das Leben bunter.

Ich bin dankbar für die Stille, die immer erst dann eintritt, wenn sie am meisten gebraucht wird.

Ich bin dankbar für Kinderbücher.

Ich bin dankbar für den Wecker, den ich ausversehen für das Wochenende eingestellt habe, weil ich dann am Samstagmorgen realisiere, dass ich doch noch ausschlafen kann.

Ich bin dankbar für die Autokorrektur.

Ich bin dankbar dafür, dass meine Schwester Eis, Süßigkeiten etc. wegisst und ich mich dadurch nicht in ein Zuckerkoma essen kann.
Ich bin dankbar für die Kaugummiautomaten meiner Kindheit, die manchmal mehr Kaugummis hergegeben haben, als man gezahlt hat.
Und ich bin dankbar dafür, dass ich jetzt entscheiden kann, dass ich nicht bis zum Ende weiterschreiben muss. Denn Dankbarkeit hat kein Ende.

Der Weg aus der Dunkelheit

Ich stehe plötzlich in der Dunkelheit. Ich habe ein komisches Gefühl, denn alles ist düster und wie von Pech gezeichnet. Ich sehe vor mir eine Reihe aus Menschen stehen. Eine Reihe von Jugendlichen. Sie stehen akkurat hintereinander. Es wirkt unnatürlich, wie sie dastehen.

Alle blicken wie hypnotisiert auf den Boden. Alle haben den Kopf geneigt und wagen es auch ja nicht den Blick von der einen Stelle zu nehmen.

Denn vor der ersten Person liegt auf dem Boden ein Loch. Ein Schwarzes Loch. Es ist kein Loch, dass in den Boden gebohrt oder gemalt wurde. Das Loch wurde bewusst dorthin platziert. Das Loch wurde transportiert und hierhergebracht. Und wenn es seine Aufgabe erledigt hat, wird es weiter Transportiert. Denn das Loch ist kein einfaches Loch. Es ist wie ein Durchgang, ein Portal, ein Eingang in eine andere Welt. Eine andere Dimension. Das Loch ist umzingelt von Kreaturen. Wesen, die nicht von unserer Welt sind. Sie sehen grausam aus. Ihre leicht grünliche Haut spiegelt das Düstere der Situation wider. Ihre Finger sind lang und laufen spitz zu. Sie lachen höllisch und wenden ihre Blicke nicht von den jungen Lauten ab.

Es hat was Anziehendes, dazustehen und dem Geschehen zuzusehen. Es ist ein grausames Schauspiel, das mein Interesse weckt und meine Aufmerksamkeit beansprucht. Es ist hässlich, aber auch wunderschön. Es ist so schön, man mag es kaum glauben, ich möchte ein Teil davon sein.

Ich laufe ein Schritt nach vorne. Ich höre förmlich, wie die Kreaturen denken. Sie bestärken mich. Sie wollen mich dabeihaben, so wie ich mich selber auch dabei sehe. Als ein Teil des Systems. Ich bin schon ein Teil des Systems.

Doch plötzlich stehe ich wieder in der Dunkelheit und schaue auf den Akt. Ich blicke von außen darauf. Denn ich bin kein Teil davon. Ich bin es nicht mehr, falls ich es Überhaupt einmal war. Und erst in diesem Moment wird mir bewusst, was ich die ganze Zeit betrachte. Es ist schlimmer, als ich es mir je hätte vorstellen können.

Denn es gibt eins, was die Jugendlichen, die hintereinander gereiht stehen, verbindet.
Sie sehen den Sinn nicht mehr.
Das verbindet sie und das ist der Grund, weshalb sie hier stehen und der Grund dafür, dass die Kreaturen so hässlich Lachen.
Und ich bemerke eine Bewegung, von der ich nicht weiß, wie lange sie schon so läuft.
Denn die Jugendlichen springen in das Loch. Einer nach dem anderen. Im Sekundentakt.
Es ist schrecklich, sie wissen nämlich nicht worauf sie sich einlassen. Erst in dem Moment, wenn es zu spät ist, wenn sie in der anderen Welt sind, wenn alles vorbei ist, wissen sie was auf sie zukommt.
Ich distanziere mich. Doch ich will helfen. Ich möchte helfen. Ich muss helfen.
Da höre ich eine Stimme sagen: „Rette dich. Für sie ist es zu spät.“

Ich weiß nicht von wo sie kommt. Ich weiß nicht von wem sie kommt. Aber ich vertraue ihr.
Also distanziere ich mich.
Ich konnte nicht helfen.
Aber ich habe geholfen. Ich habe mir geholfen. Ich bin frei.

Matsch im Kopf

Lalalala. So klingt das Lied der Freude.
Nananana. So klingt das Lied der Selbstbestimmung.
Dadadadadadadadadadadadadadadadada. So kling das Lied, das mir durch den Kopf fliegt, wenn ich denke, dass ich denke, aber in Wirklichkeit nur die brennende Kerze anstarre und Mantsch im Kopf habe.
Matsch?
Ja, matsch.
Ich frage mich, was für ein Matsch das wohl ist. Ist es die Substanz, die entsteht, wenn man Wasser mit Erde mischt? Oder der leuchtend, bunte Matsch, der mir immer nach dem Malen, an den Händen klebt? Und an der Kleidung. Und im Gesicht. Oder ist es der Matsch, der früher einmal Kartoffelbrei hieß?
Ja, ich habe Matsch im Kopf.
Aber das ist gar nicht mal so schlimm, den so habe ich nicht das Problem über die schlimmen Dinge der Welt grübeln zu müssen. Denn ganz ehrlich, es macht doch mehr Spaß, darüber nachzudenken, wie matschig das Wort „Matsch" klingt.
Matsch. MATSCH.
MMMAAAAATTTTSSSSSCCCCCHHHHHHHH.
Ich denke, das ist genug. Ich bekomme diese schleimigen Worte gar nicht mehr aus dem Kopf. Schleimig. Schleim. SCHLEIM. SSSSSSSCCCCHHHHLLLLLEEEEEEEIIIIIMMMMMMM M.

Meine Reise

Ich sitze hier und blicke in die Zukunft
Vor mir, eine lange Reise.
Soll ich es tun? Oder nicht?
Die Antwort ist offensichtlich.
Dennoch denke ich darüber nach.
Ich habe noch die Möglichkeit. Es kommt aber nicht in Frage.
Keiner weiß was davon. Keiner hat Erwartungen. Keiner hat
Wünsche. Keiner vergießt Tränen.
Keiner, keiner, keiner.
So wie ich es will.
Nur ich. Mit mir. Alleine.
Ich sehe die Reise. Die Erinnerungen. Die Möglichkeiten.
Freude, Glück, Freiheit.
Wie konnte ich nur so lange warten?
Das ist die Lösung auf jede Frage.
Das Ziel.

Vielleicht treffe ich auch dich. Dich und mich.
Irgendwo da draußen.
Was mache ich noch hier?
Ich sollte gehen.
Jetzt.

Pure Freude in Zeitlupe

Alles wird langsam
Die Welt in Zeitlupe
Der Moment wird länger
Die Freude wird größer

Kribbeln im Bauch.
Hitze im Kopf.
Kitzeln auf der Haut.

Alles ist richtig
Alles ist schön, besser
Und ich weiß,
Sie sind es

Wo du das Wunder siehst, da wächst das Leben.

Mit dem Begriff „Wunder“ wird ein Ereignis beschrieben, welches durch dessen unerklärlichen Zustandekommens Verwunderung und Erstaunen auslöst. Wunder werden meist als Außergewöhnlich beschrieben.
Wunder trotzen dem, was der Mensch sich durch seine Vernunft, sein Verstand und seine Erfahrung erklären kann. Zudem scheinen Wunder sich den Naturgesetzen und möglicherweise auch geschichtlichen Ereignissen zu widersetzen.
Und aus diesen Gründen ist die Menschheit so sehr daran interessiert und davon beeindruckt. Sie verbringen ihre Zeit damit an den so genannten Wundern zu forschen und zu versuchen sie zu verstehen.
Bis zum heutigen Tage ist die Bauweise der ägyptischen Pyramiden nicht bekannt, denn die von den Forschern aufgestellten Theorien konnten noch immer nicht verifiziert werden. Somit ist die Wahrheit der Erbauung der Pyramiden von Pharaonen wie Djoser, Cheops, Mykerinos und weiteren, für uns nicht erschließbar. Jahr für Jahr ziehen diese heiligen Bauwerke Unmengen an Touristen und Einheimischen an, die nicht zu Unrecht das ägyptische Wunder begehren und immer mehr und mehr davon wissen und lernen möchten. Dementsprechend ist es nicht bizarr, dass einige Menschen versuchen, auf legalem Wege, Lizenzen zu bekommen, um die Prachtstücke erklimmen zu dürfen. Denn auch wenn die Erbauer seit Jahrtausenden nicht mehr am Leben sind, sind die meisten Menschen der gleichen

Meinung: Den Pharaonen, den Arbeitern, den Erhaltern der Pyramiden und vielen mehr sollte der Respekt erwiesen werden. Schließlich versuchten andere Menschen die Pyramiden illegal zu besteigen. Doch das egoistische Verhalten wurde in einigen Fällen bestraft, da dieses Verhalten nicht nur entwürdigend, sondern auch gesetzeswidrig ist.
Es ist kaum zu glauben, welche Hürden die Menschen übergangen haben, um den Wundern so nah wie noch nie zu sein. Dabei sind die ägyptischen Pyramiden nicht einmal die größten der Erde. Die Maya haben nämlich größere Bauwerke errichtet. Doch diese Pyramiden sind mit der Zeit in Vergessenheit geraten. Das Wunder jedoch wahrt in den Tiefen des Südamerikanischen Kontinents.

Aber wer nach Wundern sucht muss nicht gleich eine Reise planen, den Dschungel erforschen, über die Wolken gelangen, in den tiefen Weltmeeren graben oder gar unseren Planeten verlassen. Denn die größten Wunder befinden sich direkt vor unserer Nase.
Sei es die kleine Flamme der Kerze, die auf dem Schreibtisch brennt, ein weiß-gelbes Gänseblümchen auf einer riesigen Wiese oder das Herz, das in jedem Körper schlägt. Überall blühen Wunder in ihren prächtigsten Farben und Formen.
Denn kaum ein Mensch, den wir fragen würden, könnte uns genau erklären, wie das erst Gänseblümchen entstanden ist. Oder wie die Hummeln es schaffen zu fliegen, denn angeblich sollen ihr kleinen Flügel viel zu klein sein, um den großen Körper zu tragen. Dabei ist dies nur ein Gerücht. Denn analysiert man aerodynamische Berechnungen zu diesem Thema und

beobachtet das Flugverhalten der Tiere genau, so wird schnell deutlich, dass die Hummeln nicht fliegen können, weil sie nichts von unseren Theorien wissen. Sondern ganz einfach, weil die Hummeln viel besser als wir wissen, wie Hummelflügel genutzt werden müssen.

Das müsste aber bedeuten, dass die Dinge, von denen wir dachten, sie seine Wunder, es nicht sind. Oder?
Wo du das Wunder siehst, da wächst das Leben.
Doch du musst das Wunder sehen, damit das Leben gedeihen kann. Und keiner kann dir dabei helfen, die Wunder zu erblicken. Denn auch wenn „Wunder“ eine Definition besitzt, kann dir keiner vorschreiben wann und wie und wo du Wunder zu sehen hast.
Schließlich wurden die heute bekannten sieben Weltwunder durch den griechischen Schriftsteller Antipater von Sidon bestimmt. Einen einfachen Mann, der das tat, was er wahrscheinlich am besten konnte. Schreiben.
Also hat jeder von uns die Möglichkeit unsere eigenen Wunder zu betrachten und uns davon inspirieren zu lassen. Unsere eigene und einzigartige Lebensenergie zu schöpfen und neues zu kreieren.
Denn erst so entstehen erneut neue Wunder.

Vertrocknete Welt ertrunken in Wasserarmut

Ich stehe mitten in der Wüste. Umzingelt von dem staubigen Sand, der sich langsam aber sicher durch meine Schuhe bohrt und trocken an meiner erhitzten Haut klebt. Der hellblaue Himmel bietet keine einzige Wolke, die mich von den starken Sonnenstrahlen schützen würde. Ein leichter Wind weht. Dachte ich, bis ich bemerke, dass es meine eigene Atmung ist, die meinen Körper nicht einmal hätte abkühlen können. Ich sehe weit und breit nichts. Ich korrigiere: ich sehe weit und breit nichts, außer dem gelb-braunen Sand, dem klaren hellblauen Himmel und der gelb leuchtend Sonne.

Ich bin erschöpft, meine Körperteile schlaff und mein Mund trocken. Staub trocken. Ich überlege zu laufen, doch wohin? Ich sehe keine Chance, keine Möglichkeit, kein Ziel. Ich sehe nur den Wunsch nach Sicherheit. Schatten. Ruhe. Geborgenheit. Schutz. Wasser.

Ich sehe mich um und laufe los. Ich weiß nicht wohin, aber ich laufe, denn je länger ich einfach nur hier stehe, desto mehr habe ich das Gefühl von Verlust. Den mit jeder Sekunde verliere ich Kraft, ohne die mich mein Körper nicht retten kann. Mit jeder Minute verliere ich Hoffnung, ohne die ich mein Körper nicht retten kann.

Ich fühle mich schön, aber nutzlos, ausgeliefert, sinnlos. Was bringt mir die Schönheit? Wenn ich sonst nichts habe?

Ich bin verloren. Wir sind verloren. Die Welt. Denn es gibt nichts. Nichts außer dieser Wüste. Und damit meine ich nicht,

für mich gibt es nichts außer diese Wüste, weil ich sonst nichts sehe oder höre oder spüre als diese Wüste. Ich sage das, weil ich weiß, dass die uns bekannte Erde, die einst mal vor Leben, Vielfalt, Wissen, Technologie und vielem mehr nur überquillt, jetzt nur noch aus einer Wüste besteht. Trockene Erde, vertrocknete Landschaft, versunkene Welt. Versunken in dem, woraus es einmal bestand. Versunken wegen dem, was es einmal trug. Und behütete.
Leben. Das Leben stürzt die Welt in den Tod. Und die Welt gibt sich hin. Sie widersetzt sich nicht. Sie ist schlicht und einfach ausgeliefert. So wie ich hier und jetzt ausgeliefert bin.
Die Trockenheit, sie macht es aus.
Wir haben sie in trockene Tücher gelegt.
Nun sitzen wir im Trockenen.
Leider aber so, wie sich ein Fisch im Trockenen fühlt.
Wir fühlen uns wie ein Fisch im Trockenen.

Verschwendet.
Alles verschwendet.

Und ich wache auf. Mein Mund ist staubtrocken. Und ich freue mich über das Glas Wasser auf meinem Schreibtisch. Ich trinke die Hälfte, ich darf nichts verschwenden.

Die Anziehung zwischen uns

Gravitationskraft.
Die Kraft, die dafür sorgt, dass sich zwei Massen gleichermaßen anziehen.
Der Mensch von der Erde.
Die Erde von dem Menschen.

Sie werden gleichermaßen voneinander angezogen. So wie wir.
Du von mir.
Und ich von dir.

Kaum eine Person würde sagen, dass Menschen die Erde anziehen, da sie nicht fühlen können, wie die Erde sich ihnen nähert. Das liegt aber daran, dass die Erde eine viel größere Masse besitzt als alle Menschen unseres Planeten zusammen. Dadurch nimmt kein Mensch die Bewegung, geschweige denn die Kraft war, die die Erde erzeugt, um den Menschen näherzukommen.

Ist das mit uns auch so?
Wir ziehen uns gleichermaßen an. Die Kräfte und Energien, die wir aufbringen, um uns näherzukommen, sind gleich stark. Doch scheint es so, als ob einer von uns nicht die gleiche Kraft aufwendet, wie der Andere? Ich hoffe, ich wirke nicht so. Denn so ist es nicht.

Denn keiner von uns, weder du noch ich, scheuen Mühen und Kosten, um der Zentrifugalkraft zu entkommen.
Wirke ich wie die Erde und du wie der Mensch?
Oder umgekehrt?

Lass mich bitte nicht zweifeln, denn du weißt, dass ich für dich mehr erschaffen würde, so wie der Big Bang einst.
Und so sehr du die Physik doch liebst, sag mir wie du denkst.
Denn je länger ich mit diesen Begriffen durch die Gegend werfe, desto mehr verwirrt mich das, was ich denke.

Welch ein Glück besitze ich, denn die Empathie, die du besitzt, ist größer als unser Sonnensystem mit all seinen neun Planeten, von denen du aber den letzten nicht als Planet unseres Sonnensystems anerkennst.
Schließlich kannst du meine Gedanken von meiner Stirn ablesen und meine Gefühle bei jedem Schlag meines Herzes, wie die Energie bei einem Newtonpendel von Kugel zu Kugel, aufnehmen.
Und jedes Mal, wenn dies geschieht, blickst du mich an, wie die Menschen die Sonne zum Morgengrauen ansehen und sagst:
„Vergiss die Physik. Ich sehe die Sonne jeden Morgen aufgehen, so wie ich das Licht in dir aufgehen sehe. Und so unwahrscheinlich, aber denkbar es ist, dass die Sonne eines morgens nicht aufgeht[2], umso unwahrscheinlicher kommt es mir vor, das Licht in dir eines Tages nicht aufgehen sehen zu können.“

---

[2] Empirismus des Philosophen David Hume

Gelb-Gold, aber nie ohne dich

Der gelb-golde Stoff liegt in meinen Händen. Er schimmert noch heute, so wie er einst zu seiner besten Zeit geschimmert hat. Damals, als die leuchtende Farbe meines Kleides uns zusammengebracht hat.
Wie es passiert ist, wusste ich nicht. Jetzt denke ich, dass es nur eine Frage der Zeit war, bis wir auf irgendeiner Art und Weise zusammengestoßen wären.
So fein, imposant und besonders hat der Stoff meines Kleides gewirkt. Nicht nur auf dich und alle anderen Personen, die mich in diesem Prachtstück gesehen haben, sondern auch mich hat es verzaubert.
Es hat was an sich. Es zieht alle Blicke auf sich und verändert alles. Auch an jenem Abend, an dem ich deine Kunst bewundern durfte, deine Kunst der Musik.
Das hast auch du gemerkt, aber kritisiert.
Du meintest, es würde den Menschen beeinflussen, insbesondere jenen, der es am Körper trug. Du wusstest, dass ich mich hinter dem Schein des Kleides versteckt habe und ein neues „ich“ erschaffen habe, eine Version von mir, die nicht echt war. Es gab mir ein Gefühl von Ruhm, Macht und Stärke. Es hat meine wahre Schönheit verdeckt.
Auch mich hast du versucht, von deiner Behauptung zu überzeugen. Vergeblich. Ich hing daran.
Doch zum Glück haben sich unsere Wege nicht getrennt.

Ich kann mich noch gut daran erinnern, wie du mich an dem Abend zwischen der Menschenmenge gesucht hast, um mir klar zu machen, dass das majestätische Kleid mich und meine Schönheit versteckt. Du hast nicht lockergelassen. Das Kleid war es also, dass uns zusammengeführt hat. Du wolltest mein wahres „ich“ kennenzulernen.

Ich war davon überzeugt, dass mein Kleid es war, dass uns zusammenhielt. Was nicht ganz falsch war, aber eigentlich war es dein Ziel mich von dem Kleid zu retten, dass uns zusammenhielt. An jenem Tag, als ich das zauberhafte Stück Stoff das letzte Mal in der Hand hielt, hast du mich von dem negativen Einfluss dessen überzeugen können.
Du sagtest: „Lass uns gemeinsam an der ausgedünnten Stelle reißen.“
Ich wusste, was du meintest. Das Kleid war abgetragen und wurde immer dünner, durchlässiger, durchsichtiger.
Was du aber meintest, war, dass es Zeit war, sich davon zu trennen.
Und so legte ich das Kleid, was letztlich nur ein Stück Stoff war, ab.
Mit dem Stoff legte ich aber auch mich ab oder zumindest das, was ich einst war. Denn es trug all meine Vergangenheit.
Der Gedanke, das Kleid verlieren zu müssen hat damals so sehr geschmerzt, weil ich mit dem Kleid mehr verlieren würde.
Doch an diesem Tag wusste ich, mit dem Verlust des Kleides, gewinne ich etwas viel Wichtigeres. Dich.

Kurz vor deinem Aufstieg zu den Sternen hast du mir eine Kiste in die Hand gedrückt. Dein zufriedenes Gesicht verriet mir, dass das deine letzte Aufgabe auf diesem Planeten war. Ich öffnete die Kiste und blickte auf einen gelb-goldenen Stoff, den du all die Jahre heimlich aufgehoben hast.
Das war ein weiterer Moment, an dem du mich etwas gelehrt hast. Das Kleid selbst hatte keinen Einfluss auf mich, sondern das was ich glaubte, dass es beeinflusst.

Nun blicke ich das Kleid wieder an. Mit einem Lächeln und Tränen im Gesicht. Jetzt bist du ein Teil des Kleides, so wie der Rest meiner Vergangenheit.
Doch du bist für immer in meinem Herzen. Das Kleid in deiner Kiste.

Ich möchte das Schöne nicht vergessen

Ich habe Angst. Angst zu vergessen. Denn auch ich werde irgendwann alt sein, wenn ich es zumindest so weit schaffe.
Und mit den Jahren werden wir immer vergesslicher werden. Das steigert sich dann so sehr, bis wir schließlich vergessen wer wir überhaupt sind.
Und davor fürchte ich mich. Denn wenn ich diesen Moment erreicht habe, werde ich alles vergessen. Ich werde vergessen wie ich Situationen erlebt habe, von denen ich heute nun nur noch träumen kann. Ich werde vergessen, wie ich mich ständig selbst übertroffen habe und damit nicht nur mein Umfeld, aber vor allem mich selbst überrascht habe. Ich werde vergessen, dass ich so viele Jahre gebraucht habe, um so zu werden wie ich es jetzt bin. Ich werde vergessen wie ich bin. Ich werde mich vergessen. Ich werde alles vergessen.
Alles was ist. Alles was war. Alles was noch sein wird.
Doch ich versuche mich zu schützen, vor all den gefährlichen Gedanken, die sich wie Parasiten in meinen Kopf gesetzt haben und sich von meiner Lebensenergie stärken. Ich versuche sie zu unterdrücken, denn ich möchte sie nicht wahr werden lassen, wie eine selbst erfüllende Prophezeiung.
Denn wenn ich mich dagegen wende, wird es gar nicht erst so weit kommen.
Und wenn es so weit kommen sollte, dann ist es nun mal so.

Jetzt aber kann ich sagen, ich habe was zu vergessen. Ich habe so vieles erlebt, gemacht und vollbracht, dass ich immerhin die Möglichkeit habe Dinge zu vergessen. Ich würde lieber Leben und Erleben und am Ende alles vergessen, als mit ende achtzig einsam und alleine zu sein und zu wissen, dass ich meine vielen Lebensjahre nicht genutzt habe.
Ich werde eine Geschichte haben, die ich erzählen kann, auch wenn ich mich später nicht daran erinnern werde. Ich werde eine Geschichte haben, die mir erzählt werden kann, wenn ich mich selber nicht daran erinnern kann.
Oder noch besser. Ich werde eine Geschichte schreiben können, dich ich in meinem Alter, Tag für Tag lesen werde. Und jedes Mal werde ich mir denken „Ich wünschte, dass wäre meine Geschichte". Was mein Dementes ich aber nicht wissen wird, ist, dass es meine Geschichte ist.
Und ich werde traurig sein, weil ich nicht wissen werde, wie meine Geschichte war.

Und wenn es zu spät ist, kann ich eh nichts mehr daran ändern, also mache ich mir keine Sorgen. Denn Sorgen machen kann ich dann, wenn ich nichts mehr machen kann und dann werde ich mir auch keine Sorgen mehr machen können, weil ich mich dann wahrscheinlich an nichts mehr erinnern kann.

Meine eigene Liebe

Meine Liebe,
ich schiebe es schon viel zu lange vor mich hin, dir diese Worte zu vermachen.
Du weißt, dass ich die wichtigsten Dinge am liebsten vermeide. Doch ich weiß, dass das ein weiterer Schritt in eine glückliche Zukunft ist. Deswegen habe ich heute all meine Faulheit, Prokrastination und Unbehagen zur Seite geschoben und mich darauf vorbereitet, dir das zu sagen, was ich wirklich fühle.

Diesen Punkt zu erreichen war sehr schwer. Unsere Liebe ist keine einfache. Unsere Liebe war nicht nur eine einseitige, sie war eine anstrengende.
Wir waren oft, sehr lange unzufrieden. Mit allem. Wir haben immer gekämpft. Wir sind immer gerannt, auch weggerannt. Wir haben uns bemüht es richtig zu machen. Und so sehr wir auch gekämpft haben, so sehr haben wir uns auch verloren. Wir haben uns nie aus den Augen verloren, aber wir haben uns zwischen uns verloren. Und zwischen all der Angst, Zweifel, Unsicherheit haben wir uns nicht wiederfinden können.
Wir haben blind gesehen.
Wir haben uns gegenseitig angesehen, zugehört, abgewartet, aber haben nie wahrnehmen können was der jeweils andere von sich gibt.
Und je mehr wir uns wie blinde Menschen angesehen haben und aneinander vorbeigelaufen sind, desto mehr haben wir uns

distanziert, was eigentlich nicht möglich ist. Denn ich bin du und du bist ich. Wir können nicht getrennt leben, das würde nämlich heißen, dass wir nicht mehr leben. Sondern das Ende schon verlassen haben.

Aber ich weiß jetzt, dass wir uns nicht distanziert haben. Wir haben uns auch nicht getrennt oder sind uns auch nicht aus dem Weg gegangen. Und schon gar nicht haben wir uns blind angesehen.
Wir haben uns nur nicht sehen können, weil zwischen uns zu viel war. Zwischen uns war zu viel los. Zu viel, was nicht zu uns gehört und noch immer nicht zu uns gehört.

Aber jetzt sehe ich dich. Ich sehe dich klar und deutlich. Uns ich sehe wie wunderschön du bist. Und ich kann dir nun endlich auch sagen, was ich sehe, wenn ich dich erblicke. Und was ich fühle, wenn ich dich erblicke.
Ich sehe mehr in dir, als du jemals in dir sehen kannst.

Ich sehe eine wunderschöne Person, die von Stärke und Freude nur strahlt. Ich sehe wie du jeden Menschen, der dir begegnet verständnisvoll ansiehst. Ich sehe dein Feingefühl, das sich jedes Mal aufs Neue in deiner Kunst wieder Spiegelt. Ich sehe, wie du nachdenklich Löcher in die Luft starrst und ich liebe es, denn dein nicht nur dein Wissen, auch die Art und Weise, wie du über gewisse Dinge denkst überrascht mich ständig. Ich sehe wie du versuchst immer und immer wieder an die zu arbeiten und dich nicht unbedingt zu verbessern, denn du sagst immer „Menschen können sich nicht verbessern. Sie sind schon gut genug. Sie

müssen nur lernen diese Seite zu erkunden und ganz stark daran festhalten. Denn erst dann wird es sich in ihr Leben mit ein kooperieren.“, sondern deine besondere Seite zu manifestieren.
Ich sehe, wie du das Leben in vollen Zügen genießt und immer rumalberst.
Ich sehe, wie glücklich du bist und wie glücklich du andere machst.
Und ich sehe wie du es liebst.
Wie du dich liebst. Mich liebst. Uns liebst.
Und das macht mich glücklich. Zu sehen wie weit wir es geschafft haben. Zu sehen wie gut es uns nun endlich geht.

Aber lass mich noch eine Sache sagen.
Verlerne dies bitte nicht. Bleib nicht so wie du bist. Wachse mit jedem Tag. Lerne weiter. Erkenne deine besonderen Seiten und bestärke sie. Kämpfe weiter. Meistere dein Leben weiterhin. Du bist so eine wundervolle Person. Vergiss das nicht. Denn nur du kannst daran, was dich so besonders macht, festhalten.
Und vergiss nicht, wir sind immer eins, denn ich bin du und du bist ich.

In Liebe
dein Ich

Brille ohne Sicht

Schon in 35 Jahren wird jeder zweite Mensch weltweit eine Brille benötigen.
Zumindest lese ich das im Internet, während ich beim Optiker im Wartebereich sitze.
Bei unserem gestrigen Gespräch hast du gesagt, dass deiner Meinung nach, jeder Mensch eine Brille brauche.
„Wieso das denn?“, habe ich gefragt.
„Du verstehst es falsch.“, meintest du. „Jeder Mensch braucht eine individuell abgestimmte Brille. Eine Brille also, die ihnen beibringt die Welt zu sehen. Auf einer anderen Art und Weise zu sehen.“
„Ein Filter?!“
„Kein Filter.“
„Ein Sieb?!“
„Kein Sieb. Wir wollen sie Wahrnehmung der Personen ja nicht filtrieren oder einschränken.“
„Na was dann?“
„Eine Brille, die es ermöglicht den Menschen eine andere Welt nahezubringen. Etwas, was ihnen ermöglicht, Situationen anders wahrzunehmen als sonst. Ein Perspektivenwechsel bietet.“
Du meintest, deine Schwester könne zum Beispiel eine Schwarz-Weiß Brille gebrauchen, weil sie alles immer durch eine Rosa-Rote Brille sehe.
Der Typ von nebenan könne etwas gebrauchen, was seine immerzu gestresste Einstellung abschwäche und der Soziopath

auf deiner Arbeit solle die Möglichkeit haben, die Welt aus Augen deines besten Freundes zu sehen. Denn schließlich fehle ihm ja nur etwas Empathie und nicht die unnötigen Sprüche, die ihn überallhin begleiten.
„Und welche Brille hättest du gerne?“, habe ich dich gefragt.
„Hmmm... so einige. Die von Julien Offray de La Mettrie. Die einer Mörders, dann aber auch die eines Ermordeten. Ein Astronaut wäre auch nicht schlecht. Arbeiter auf einer Bananenplantage. Aber jetzt im Moment könnte ich meine Sonnenbrille am meisten gebrauchen. Die Hitze, sie brennt so.“

Darüber musste ich lange nachdenken. Wie würden wir zusammenleben, wenn wir immer die Möglichkeit hätten die Welt auf einer anderen und neuen Art und Weise zu betrachten. Würde es uns näher zusammenbringen, weil wir immer die Möglichkeit hätten uns gegenseitig zu verstehen? Oder könnte diese Methode auch ausgenutzt werden, um uns eine Scheinwelt zu projizieren? Oder noch schlimmer würden wir mit der Zeit vergessen wer wir in Wirklichkeit sind, weil wir immer die Eindrücke, Sichtweisen und Meinungen von anderen im Kopf hätten?

Wie auch immer das Ergebnis wäre, ich werde es wahrscheinlich nie erfahren.
Doch das ist jetzt egal.

Ich werde aufgerufen und verlasse das Wartezimmer.
Denn jetzt bin ich beim Optiker und auf der Suche nach meiner passenden Brille.

Oder bin ich gar nicht bei einem Optiker?

Sichtbar und Gegenwärtig

In letzter Zeit beschäftig eine Sache mich sehr. Der so genannte Zahir lässt mich nicht mehr in Ruhe denken. Dabei geht es nicht um einen bestimmten Zahir, sondern eher um den Zahir im Allgemeinen. Der Zahir ist eine Person oder eine Sache, die, sobald wir unseren eigenen Zahir entdecken oder in Kontakt mit ihm treten, unsere Gedanken beansprucht und übernimmt beziehungsweise ausfüllt und dafür sorgt, dass wir uns auf nichts anderes mehr konzentrieren können.

Nun, mir geht es nicht um meinen Zahir, denn noch habe ich ihn nicht entdecken können und weiß, um ehrlich zu sein, auch nicht ob ich ihn entdecken möchte.
Mir geht es um das Konzept.
Denn was kann so besonders und bedeutend sein, dass es förmlich das Leben einer Person „übernimmt"? Und warum tut es das? Kommt diese Kraft aus unserem Inneren oder strahlt der Zahir das aus?

Mich beeindruckt das Mysterium, denn welch eine Kraft muss eine Person oder eine Sache besitzen, damit es das Leben eines Menschen so stark ausfüllen kann. Ich frage mich auch noch, ob der Zahir seine Kraft daraus schöpft, dass es ein übermenschliches Wesen ist oder ob die Verbundenheit die Besonderheit ausmacht.

Und schadet es der Betroffenen Person nicht, da sie immer, zu jedem Zeitpunkt von Zahir eingenommen ist? Oder bestärkt es die Person, indem es ihr Lebensenergie schenkt und mit Weisheiten bereichert?

Wie fühlt es sich für eine Person an, die ein Zahir ist? Weiß sie es? Spürt sie es? Ist sie bewusst der Zahir von einer Person? Oder sogar von vielen? Für wie viele Personen kann ein Mensch ein Zahir sein? Haben alle Zahirs etwas Gemeinsam, abgesehen von ihrer unglaublichen Gabe?

So viele Fragen und keine Antwort. Noch nicht.
Manch einer würde an meiner Stelle sagen, hätte ich diesen Punkt doch nicht erreicht.
Aber es hat etwas Besonderes, etwas Mysteriöses das den Zahir noch interessanter macht.
Aber eines Tages werde ich möglicherweise die Antwort, auf wenn auch nur eine Frage, finden.

Es ist leicht

Ich weiß nicht, ob nur ich das so sehe, aber wir armen Menschen, wir haben es nicht leicht. Oh wir armen Menschen. Wir leben zwischen Leid und Schmerz. Wie schwer unser Leben doch ist. Nicht nur den körperlichen Schmerz, der natürlich nicht zu unterschätzen ist, müssen wir ertragen, aber vor allem zerbrechen wir unter der Last, die uns andere Leute und ganz wichtig die Gesellschaft, aber auch der Staat uns anhängt. Schließlich sind wir jeden Morgen dazu gezwungen schlechte Laune zu haben, denn der Briefkasten füllt sich wie von alleine mit all den Rechnungen, die wir monatlich, wöchentlich, täglich zahlen müssen. Zu Hause berichtet uns der Nachrichtensprecher, in matten Ton, wie erneut Regenwolken über unsere Städte ziehen, so als ob er nicht wissen würde, dass unsere Geranien den täglichen Regen nicht vertragen. Beim Frühstück ist die Butter mal wieder zu hart und bohrt Löcher in das Brot. Ein kurzer Blick in den Kalender am Sonntagmorgen, ja Sonntagmorgen, denn nur samstags und nur zweimal im Jahr nehmen wir uns frei, verrät, dass schon wieder Zeit für die Steuern ist. Unglaublich, dass wir unser ganzes Leben lang, so viel Geld für die Steuern ausgeben müssen und unglaublich, wie oft und lange wir Zeit mit der Steuererklärung verbringen müssen, nur um unser eigenes Geld zurück bekommen zu können. Dann muss ich mir auch noch an meinem Sonntagmorgen Zeit für die Steuern nehmen, nur um später zu bemerken, dass morgen ja Montag ist und der Steuerberater schon um 13:00 nicht zu erreichen ist, was dazu

führt, dass ich entweder Minusstunden machen muss oder die Aufgabe auch noch verlegen muss. Naja, immerhin habe ich meinen veganen Sonntagsbraten, der nur nach eingeweichter Pappe schmeckt, aber wir müssen natürlich unsere Erde, die demnächst wahrscheinlich eh untergehen wird, für unsere Nachfahren erhalten. Was ich heute nicht mehr erwartet habe ist auch noch eingetroffen. Ein typischer Haushaltsunfall, bei dem ich entweder zu Hause sterben darf oder im schrecklichen Krankenwagen zum schrecklicheren Krankenhaus transportiert werden darf. Der Notruf ist gewählt. Zu lange habe ich auch gewartet. Zu schnell ist der Rettungsdienst auch gefahren, ich denke, dass sie mich schon auf der Fahrt zum Krankenhaus umbringen wollten, damit sie später nicht so viel zu tun haben. Ein unnötiger Ausflug war das auch noch, denn wie es aussieht habe ich nichts Dramatisches. Jetzt wo ich wieder zu Hause bin ist es auch schon so spät, da brauch ich auch kein Abendbrot. Mit dem letzten Abendmahl wahr dann wohl doch nichts. Immerhin schaffe ich es noch rechtzeitig ins Bett.
Und das schlimmste an all dem...
Wir sind nicht glücklich. Wir erlauben es uns nicht glücklich zu sein, aber wir haben auch recht. Alles ist so schrecklich, wir können und dürfen gar nicht glücklich sein. Denn wir haben uns so sehr in unserem Leid verloren. Wir müssen uns im Weg stehen. Wir müssen uns unser Leben erschweren. Denn das glücklich sein ist eigentlich viel zu leicht.

Es ist so leicht, ich weiß gar nicht warum wir nicht versuchen glücklicher zu sein. Aber das ist jedem selbst überlassen. Ich werde weiterhin so glücklich sein wie ich es jetzt schon bin. Ich werde sogar noch glücklicher werden. Aber das muss ich keinem beweisen. Und wenn ihr denkt, dass ich unglaublich unglücklich bin, dann ist das euer Problem. Ihr könnt nämlich nicht wissen wie es in meinem Kopf aussieht.

Scheiß gut

Ja, das Leben ist schön uns so. Blablabla.
Aber manchmal ist das Leben auch einfach mal scheiße.
Manchmal wache ich auf und stehe nicht auf.
Denn es gibt nichts zum Aufstehen oder zum Bemühen. Kein Antrieb. Keine Motivation.
Auch wenn ich aufstehe. Nichts. Es lohnt sich nicht.
Denn heute, genau heute ist das Leben einfach richtig scheiße.
Gestern nicht. Morgen nicht. Heute.
Also bemühe ich mich nicht und laufe direkt zurück zu dem Ausgangspunkt dieses Tages. Und mache nichts. Denn egal was ich machen würde, es wäre scheiße.
Ich drehe mich nach rechts. Dann nach links. Und wieder nach rechts.
Leere in meinem Kopf. Ich starre in die Leere. Denn die Leere ist einfach da. Und sie ist nicht scheiße. Sie ist auch nicht gut, aber immerhin ist sie auch nicht schrecklich.
Auch wenn mir nicht langweilig ist, denn Langeweile kenne ich heute nicht, blicke ich dennoch auf mein Handy. Eine Gewohnheit, die ich nicht einmal heute ablegen kann.
Und hier bedanke ich mich innerlich und heimlich bei mir selbst.
Das erste, das mir ins Auge fällt, ist eine Nachricht von einer vielleicht unbekannten, vielleicht aber auch bekannten Person.
Und hier bedanke ich mich dafür, dass ich nicht die Gabe habe, in die Zukunft zu sehen. Denn sonst hätte ich mich gestern niemals dafür entschieden spontan eine Person anzuschreiben

und möglicherweise am nächsten Tag Zeit miteinander zu verbringen.
Und hier bin ich jetzt. Ich habe total vergessen, dass ich mich heute mit jemandem treffen wollte. Aber auf die Nachricht kann ich nicht mit „Nein“ antworten. Ich habe also keine Wahl und muss mich mit ihnen treffen.
Wir waren draußen, essen, laufen, lachen, am Erzählen, trinken, frei, entspannt.
Wir waren, oder ich war inspiriert.
Es ist immer wieder schön Zeit mit Gleichgesinnten zu verbringen.
Neue Möglichkeiten zu bekommen.
Neue Leute kennen zu lernen.
Neue Dinge zu lernen.
Neu zu sein.
Ja, der Tag war scheiße.
Der Tag war scheiß gut.

Aber du genießt es, aber ich genieße es auch

Aus Zwang kommt das Schöne.
Ich weiß es klingt verwirrend. Schließlich ist der Zwang etwas Einengendes, etwas Unangenehmes, etwas Zerstörerisches.
Doch ich finde, dass der Zwang viel zu negativ konnotiert ist.
Viele schöne Dinge sind durch den Zwang entstanden. In den meisten Fällen hatte ich nicht die Kontrolle über die Situationen, da der Zwang gar nicht die Hauptrolle gespielt hat, sondern vielmehr als Unterstützung für die überwältigenden Erinnerungen gedient hat.

Und das Schönste wäre ohne den Zwang niemals entstanden.

An jenem Tag, an dem ich gezwungen war, bei dir zu sein.

Ich bin bei dir. Du bist bei mir.
Ich bin gezwungen bei dir zu sein. Ich kann nicht weg. Keine Kraft der Welt könnte mich hier befreien. Ich bin hier, genauso wie du.
Ich bin gezwungen hier zu sein. Und so schlimm es auch klingt, ich denke, ich bin froh, dazu gezwungen zu sein. Ich möchte nämlich hier sein, aber ich denke, ich kann nicht. Ich denke, ich sollte nicht. Ich trage Unbehagen in mir, würde es gerne ablassen, kann es aber nicht. Und ich bin froh, dass ich nicht gehen kann, denn ich könnte diese Entscheidung nicht treffen. Ich weiß auch jetzt schon, dass die Entscheidung mein Leben sehr stark

beeinflussen wird. Aber ich trage die Verantwortung nicht und mache mich deshalb auch keine Gedanken darüber.

Ich weiß nicht, ob es wirklich so ist, aber ich habe das Gefühl, dass du all das weißt. Du lässt mich nicht gehen und gibst mir gar nicht die Möglichkeit über mein Schicksal zu bestimmen.
Du zwingst mich hier zu bleiben. Du zwingst mich positiv.
Ich danke dir dafür.
Und ich nehme es an.

Ich nähere mich nicht.
Ich entferne mich nicht.
Ich lasse es zu.

Du weißt, dass ich keinen Schritt wagen würde, also gehst du auf mich zu.
Du merkst, dass ich keinen Abstand möchte, also bleibst du noch näher.
Du spürst, dass ich es zulasse, also lässt auch du es zu.

Ich finde es schwer. Ich weiß nicht was ich machen soll. Denn ich bin gezwungen hier zu sein, also kann ich nicht so tun, als ob ich gerne hier bin. Ich kann aber auch nicht so tun als ob ich leiden würde, was ich auch nicht tue und es vorzuspielen würde diesem Moment nur schaden. Also tue ich das, wozu ich jetzt im Stande bin. Ich verhalte mich so, wie ich es kann.

Aber du genießt es. Du weißt nämlich, wie die Wahrheit aussieht. Dementsprechend handelst du. Ich weiß, dass du es genießt, aber es stört mich nicht.

Aber du genießt es.
Du hast die Freiheit. Ich nicht. Du kannst jede Sekunde gehen. Ich nicht. Aber du tust es nicht, du bleibst bei mir. So wie ich bei dir. Vielleicht etwas anders.
Denn du bist gerne hier. Ich aber auch.
Aber du bist frei. Du kannst gehen. Du bewegst dich kein bisschen.
Und ich weiß, ich bin dir wichtig.
Denn du bist bei mir.
Näherst dich.

Du näherst dich. Ich nicht.

Aber du weißt, ich genieße es auch.

Der momentane Schmerz

Jetzt im Moment geht es mir nicht besonders gut.
Ich habe Schmerzen.
Der Druck auf meinem Körper hat folgen mit sich gebracht.
Nun, auch wenn der Schmerz sich unerträglich anfühlt, ist es okay.
Ich akzeptiere es und nehme es an.
Ich kann jetzt nichts daran ändern. Auch wenn ich es liebend gerne tun würde.
Der Schmerz aber ist nur ein kleiner Teil meines Lebens, der lediglich dazu da ist, mich von dem wichtigen Dingen des Lebens abzulenken.
Der Schmerz ist stark und kurz. Er übernimmt die Situation und hinterlässt Angst, Unwohlsein...
Wenn ich es zulasse. Doch ich lasse es nicht zu. Denn schließlich ist er nur kurz da.
Und ich kann mich auch auf die tragenden Momente meines Lebens konzentrieren und mich ihnen hingeben.

...wer es bewertet

Keine Sache, die ich mache ist richtig,
Weil es davon abhängt, wer es bewertet

Ich habe meine Normen und Werte, Prinzipien und Regeln. Diese Normen, Werte, Prinzipien, Regeln etc. gelten für mich. Und nur für mich. Es mag sein, dass eine andere Person, möglicherweise auch viele andere Personen, die gleichen oder ähnliche Normen, Werte, Prinzipien, Regeln etc. hat beziehungsweise haben. Doch darauf habe ich keinen Einfluss. Ich habe einen Einfluss auf meine Ideologie. Ich kann sie formen, ändern oder beibehalten. Und vor allem kann ich nach ihr handeln und leben. Und das tue ich auch. Egal was andere sagen oder denken. Mag sein, dass ich für das, was ich mache, für das, wie ich lebe, für das, was ich denke, kritisiert werde. Doch das schränkt mich nicht ein, weil ich weiß, was ich mache und weshalb ich es mache. Ich weiß, dass das, was ich mache, richtig ist, weil ich bestimme, dass ich es mache. Mag sein, dass andere Leute denken, dass mein Handeln falsch ist. Ich weiß aber, dass sie so denken, weil sie andere Lebensrichtlinien haben als ich. Und das ist verständlich. Denn nicht jeder sieht die Welt mit den gleichen Augen und jeder hat andere Erfahrungen, weshalb es zu erwarten ist, dass nicht jeder so agiert, wie ich.
Somit kann keiner mir oder jemand anderem sagen, dass etwas was ich mache, falsch ist. Oder dass ich falsch bin.

Somit kann auch keiner mir oder jemand anderem sagen, dass etwas was ich mache richtig ist. Oder dass ich richtig bin.
Denn wir wissen nie zu hundert Prozent, wie unser Gegenüber denkt und weshalb unser Gegenüber so denkt.
Somit ist keine Sache, die ich mache richtig oder falsch
Weil nur ich wissen kann, ob sie richtig oder falsch ist,
Weil es davon abhängt, wer es bewertet.

Dieses Buch ist ein Herzensprojekt
Es hat einen besonderen Stellenwert
Es ist gut, so wie es ist
Und wird hoffentlich die Personen erreichen, die Freude daran haben und es zu schätzen wissen